AF591807

La Bibliographie dramatique et les COLLECTIONS DE THÉATRE

PAR

Auguste RONDEL

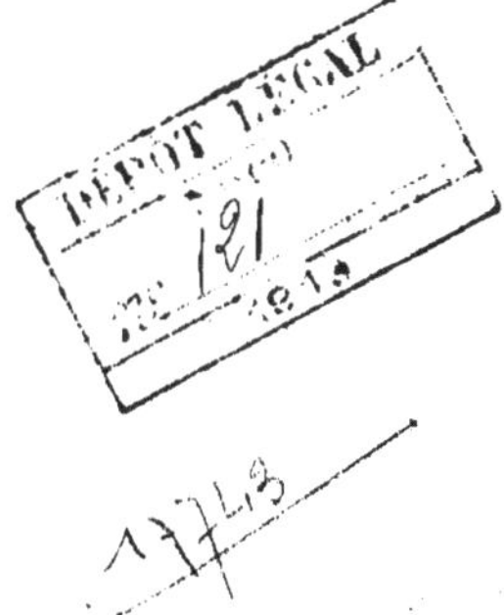

LILLE
IMPRIMERIE LEFEBVRE-DUCROCQ

1913

CONFÉRENCE

SUR

LA BIBLIOGRAPHIE DRAMATIQUE

ET SUR

LES COLLECTIONS DE THÉATRE

DONNÉE

le mercredi 4 décembre 1912

**SOUS LE PATRONAGE DE L'ASSOCIATION DES BIBLIOTHÉCAIRES FRANÇAIS
A L'ÉCOLE DES HAUTES ÉTUDES SOCIALES**

PAR

Auguste RONDEL

Collectionneur à Marseille

MEMBRE DE LA SOCIÉTÉ DE L'HISTOIRE DU THÉATRE

EXTRAIT du *Bulletin de la Société de l'Histoire du Théâtre*

(Numéro de Janvier-Février-Mars 1913)

TIRÉ A CINQ CENTS EXEMPLAIRES

HORS COMMERCE

DONT VINGT NUMÉROTÉS A LA PRESSE

CHEZ L'AUTEUR

2, *place Saint-Ferréol*, 2

MARSEILLE

CONFÉRENCE

SUR LA BIBLIOGRAPHIE DRAMATIQUE

ET SUR LES COLLECTIONS DE THÉATRE

DONNÉE

le mercredi 4 décembre 1912

SOUS LE PATRONAGE DE L'ASSOCIATION DES BIBLIOTHÉCAIRES FRANÇAIS
A L'ÉCOLE DES HAUTES ÉTUDES SOCIALES

PAR

M. AUGUSTE RONDEL

Collectionneur à Marseille

MEMBRE DE LA SOCIÉTÉ DE L'HISTOIRE DU THÉATRE

Mesdames, Messieurs,

Pendant les deux saisons écoulées et au cours de celle-ci, vous avez été conviés à entendre les précieuses leçons des maîtres éminents de la bibliographie française et étrangère qui vous enseignent en détail, chacun dans sa spécialité, ce qu'ils ont eux-mêmes appris soit dans les savantes écoles qui les ont formés, soit surtout dans les riches bibliothèques publiques qu'ils dirigent.

Il en est tout autrement aujourd'hui. Si je suis assis à leur place, je ne possède rien de leur science, je n'ai fréquenté ni l'École des Chartes, ni l'École des Hautes Études, ni aucune École littéraire ; mon seul diplôme ès lettres est l'humble baccalauréat, et si, dans les sciences, j'ai acquis jadis le titre d'élève de l'École Polytechnique, je n'ai conservé de ces études déjà plus que trentenaires que le désir d'apprendre et la passion de la classification. Cette passion, je l'applique depuis quinze ans avec une tenace obstination à constituer avec logique une bibliothèque dramatique. Amateur ardent de théâtre depuis ma jeunesse, je l'aime sous toutes ses formes, aussi bien dans sa vie réelle de la salle, de la scène et des coulisses où il m'intéresse également, bon ou mauvais, par son existence même, que dans sa vie imprimée sous ses multiples formes bibliographiques.

Mais je dois avouer encore que si je n'ai appartenu à aucune bibliothèque publique à titre officiel, je n'ai même jamais pénétré dans aucune, si ce n'est pour la visiter et pour serrer la main à des amis et que je n'ai jamais eu l'occasion d'y demander un livre. Tout cela, ce me semble, constitue bien tous les caractères du titre d'amateur auquel j'ai droit sans conteste et prouve d'une manière irréfutable que, si je comparais aujourd'hui devant vous, ce n'est pas comme un conférencier devant des auditeurs, mais plus modestement, comme un élève, un peu intimidé, devant un jury d'examinateurs qui lui ont posé cette question : Dites-nous ce que vous savez sur la bibliographie théâtrale et sur les collections de théâtre ?

Je vais vous répondre de mon mieux, en vous parlant d'abord des ouvrages de bibliographie, puis des bibliothèques théâtrales des deux derniers siècles et de celles dont je connais l'existence à ce jour, et enfin, pour vous expliquer plus aisément ce que peut en être le fonctionnement et la classification, je vous demanderai la permission de choisir mes exemples dans celle que je connais le mieux et de vous inviter à la parcourir très rapidement avec moi.

I

Quels sont les instruments de la bibliographie théâtrale ? Il n'en existe malheureusement aucun qui, à ce jour, soit définitif et complet : ni un répertoire général de toutes les pièces de théâtre imprimées, ni un répertoire de tous les auteurs dramatiques, donnant pour chacun d'eux la liste de ses œuvres complètes et de toutes ses pièces avec l'indication de toutes leurs éditions, ni un répertoire complet de tous les ouvrages relatifs au théâtre. Nous verrons, dans l'étude des bibliothèques privées, que le travail le plus important de cette sorte a été exécuté en 1843 par le Bibliophile Jacob à l'occasion de la vente de la bibliothèque théâtrale la plus considérable qui ait jamais existé. Mais il avait bien des lacunes et depuis soixante-dix ans les matériaux nouveaux se sont amoncelés.

Les ouvrages spéciaux de bibliographie théâtrale sont nombreux, mais il est néanmoins nécessaire d'user aussi de ceux de la bibliographie générale qui vous sont bien connus. Je me contente d'énumérer parmi ceux-ci les plus utiles pour notre sujet :

Le premier volume de la *Bibliothèque du sieur de La Croix du Maine*, à Paris, chez Abel L'Angelier, 1584 et la *Bibliothèque d'Antoine du Verdier, sieur de Vauprivas*, à Lyon, par Barthélemy Honorat, 1585, qui tous deux classent les auteurs alphabétiquement par la première lettre du nom de baptême de chacun d'eux, ordre bien incommode, imité seulement plus tard par la *Dramaturgie italienne* d'Allacci.

La Bibliographie instructive ou *Traité de la connaissance des livres rares et singuliers*, de Guillaume-François de Bure le jeune, éditée par lui-même en 1765, premier modèle du *Manuel* de Jacques-Charles Brunet dans ses éditions successives de 1810, 1820, 1834, 1842, 1860 et son supplément définitif de Deschamps et G. Brunet en 1878.

La France littéraire, de J.-M. Quérard, de 1827 à 1839, continuée de 1842 à 1846 par *la Littérature française contemporaine* de Félix Bourquelot et Cie.

Le Catalogue général de la Librairie française, rédigé par Otto Lorenz et continué par Jardelle, de 1840 à nos jours, qui paraît depuis 1886 et le *Manuel de l'Amateur de Livres du XIXe siècle*, par Georges Vicaire, édité par Rouquette.

A côté de ces répertoires fondamentaux, il faut consulter souvent des ouvrages annexes, tels que le *Dictionnaire des ouvrages anonymes et pseudonymes* d'Antoine-Alexandre Barbier qui, débutant modestement en 1806, doubla en 1822 le nombre de ses articles et aboutit en 1872 à l'importante troisième édition donnée par MM. Olivier Barbier, René et Paul Billard, en devenant le complément de la deuxième édition des *Supercheries littéraires dévoilées* de J.-M. Quérard en 1869.

Les différents catalogues d'elzéviers, *le Bérard* de 1822, *le Willems* de Bruxelles 1880 et son supplément par le docteur Berghmann à Stockholm en 1897, le *Rahir* de 1896, etc.

La série des *Guides de l'amateur de livres à vignettes du XVIIIe siècle*, d'Henri Cohen et de ses continuateurs, depuis 1870 jusqu'à la toute récente sixième édition que M. Seymour de Ricci vient de donner chez Rouquette. La *Bibliographie des principales éditions originales du XVe au XVIIIe siècle* par Jules Le Petit, en 1888, et la *Bibliothèque de l'amateur*, guide sommaire à travers les livres anciens les plus estimés, publiée en 1907 par le grand libraire parisien, digne successeur de Damascène Morgand, Edouard Rahir.

Voilà pour les principales bibliographies générales.

J'arrive aux ouvrages de statistique qui s'occupent uniquement du théâtre. Je dis à dessein statistique et non plus bibliographie, car une partie de ces ouvrages assez nombreux ne visent que la représentation et non l'impression de pièces des théâtre et ne donnent aucune date d'édition ou de réimpression et aucun nom d'éditeur.

Ils sont de deux espèces : des dictionnaires de pièces de théâtre par lettre alphabétique et des répertoires d'auteurs donnant la liste des œuvres de chacun.

Les dictionnaires ne diffèrent entre eux que par l'importance des renseignements donnés sur chaque pièce. Le plus ancien, la *Bibliothèque des théâtres*, par Maupoint, en 1733, est très laconique : à côté du nom de la pièce, celui de l'auteur, la date de la première représentation et quelques lignes de renseignements succincts, mais substantiels, sans indication d'édition.

Les *Tablettes dramatiques*, par le chevalier de Mouhy, en 1752, sont encore plus laconiques sur les renseignements, mais donnent par des chiffres tout secs l'année et le format de l'édition et le nombre des représentations ; on y trouve ensuite un catalogue alphabétique des auteurs, divisés en auteurs connus et auteurs peu connus, que certainement aucun éditeur n'oserait imiter aujourd'hui, et un catalogue des acteurs.

En 1754 et 1763, deux éditions du *Dictionnaire portatif des théâtres*, de Léris, dans le genre de Maupoint, et d'un emploi très commode.

En 1756 paraît le *Dictionnaire des théâtres*, des frères Parfait, en sept volumes de cinq cents pages, au lieu d'un seul comme les précédents, le plus détaillé de tous par conséquent, avec de nombreuses distributions des premières et des reprises, des anecdotes, des canevas acte par acte et des scènes entières des pièces non imprimées. Pour celles qui le sont, on trouve généralement la date et le format de l'édition avec le nom de l'éditeur.

En 1764, les *Muses françaises*, du chevalier Duduit de Mézières, donnent le catalogue alphabétique des auteurs, chacun suivi de ses pièces par ordre chronologique, sans autre texte.

En 1775, les *Anecdotes dramatiques*, de l'abbé de la Porte et de Clément, développent, en trois volumes, le côté anecdotique sans aucune bibliographie.

En 1780, le chevalier de Mouhy, déjà nommé, augmente sensiblement ses *Tablettes dramatiques* de 1752 dans les deux premiers tomes de son *Abrégé de l'histoire du théâtre français,* mais sans préciser davantage les bibliographies.

En 1812, les *Annales dramatiques*, par Babault, Ménégaut et autres, sous la raison d'une « société de gens de lettres », donnent, en cinq volumes, l'analyse de toutes les pièces citées et des notices sur les auteurs et les acteurs, le tout sous un unique classement alphabétique, sans la moindre bibliographie, avec la reproduction textuelle des *Anecdotes dramatiques* de La Porte et Clément continuées jusqu'à 1809.

Puis il faut attendre 1867 pour voir paraître les premières livraisons du *Dictionnaire universel du théâtre en France et du théâtre français à l'étranger, alphabétique, biographique et bibliographique, depuis l'origine du théâtre jusqu'à nos jours*, par M. J. Goizet, avec biographies de tous les auteurs et des principaux artistes de toutes les époques par M. A. Burtal, contenant toutes les indications souhaitables d'éditions successives. C'était le livre désiré et nécessaire, excellent dans son principe, avec quelques erreurs et omissions faciles à corriger par errata, mais il manqua d'acheteurs et ses livraisons s'arrêtèrent pour les pièces à la lettre D aux mots : « Deux avares », et pour les auteurs à la fin de la lettre A.

M. Henry Lecomte, le fécond, précis et précieux bibliographe théâtral, a repris ce travail. Il serait d'un puissant intérêt qu'il pût le publier prochainement. Il est attendu avec impatience et reconnaissance.

Il faut signaler aussi les catalogues successifs des œuvres dramatiques et lyriques faisant partie du répertoire de la Société des auteurs et compositeurs dramatiques, vulgairement Société des auteurs. Après des éditions partielles en 1833, 1845, etc., l'édition récapitulative de 1863 contient alphabétiquement les noms de tous les ouvrages représentés depuis l'origine de la Société jusqu'au 31 décembre 1859, et les volumes décennaux suivants donnent de même les ouvrages joués de 1860 à fin 1878 ; puis de 1879 à 1888 ; de 1889 à 1898, et le dernier paru de 1899 à 1908. Cet immense catalogue de la Société d'encaissement des droits d'auteurs ne s'occupe naturellement pas de l'édition des pièces qu'il cite toutes, imprimées ou non. Depuis 1860, il donne la date de la première représentation, et il a l'avantage de faire connaître depuis son origine, à côté du nom de la pièce, ceux de tous les auteurs qui y ont collaboré, qu'ils aient été nommés ou soient restés anonymes.

Les répertoires sont conçus tout autrement que les catalogues.

Le plus ancien, les ***Recherches sur les théâtres de France depuis l'année 1161 jusqu'à présent***, par Godart de Beauchamp, paraît en 1735. C'est l'histoire chronologique du théâtre en France, année par année, chaque auteur y figurant une seule fois à la date de l'apparition de sa première pièce, avec la suite complète de ses œuvres classées par ordre d'ancienneté. Ainsi Molière y est inscrit avec toutes ses œuvres à l'année 1658, date de ***l'Étourdi***. Cette longue série est divisée en plusieurs périodes : mystères, moralités, farces, soit tout le théâtre qui a précédé la première tragédie française régulière, ***la Cléopâtre captive***, de Jodelle, jouée en 1552.

Le premier âge, de 1552 à 1568, d'Étienne Jodelle à Robert Garnier ;

Le deuxième âge, de 1568 à 1600, de Robert Garnier à Alexandre Hardy ;

Le troisième âge, de 1600 à 1637, d'Alexandre Hardy à Pierre Corneille ;

Le quatrième âge, depuis 1637, de Pierre Corneille jusqu'à présent.

Puis, après le théâtre français, le même système pour les tournois, carrousels, pas d'armes, mascarades et ballets, et pour la comédie italienne, avec tous les renseignements bibliographiques. Cet ordre de classement sera rigoureusement imité par tous les catalogues des bibliothèques particulières dont nous nous occuperons bientôt, avec l'addition d'âges nouveaux dans la suite des années : Corneille à Racine, Racine à Voltaire, Voltaire à Ducis, Ducis à Marie-Joseph Chénier, Chénier à Victor Hugo, Victor Hugo à Ponsard, Ponsard à Sardou dans le catalogue Taylor, le dernier qui ait employé la formule. Comment dirons-nous ensuite ? Victorien Sardou à Henry Becque, Henry Becque à..., celui qui va inaugurer le nouvel âge.

De 1745 à 1749 paraissent les quinze volumes de l'*Histoire du théâtre français depuis son origine jusqu'à présent*, par les frères Parfait ; c'est encore l'ordre chronologique, mais cette fois par années et par pièces jouées chaque année, sans groupement par auteurs, avec les détails les plus complets, analyses, longs extraits, etc. ; c'est un ouvrage considérable.

Enfin, en 1768, les trois volumes de la *Bibliothèque du théâtre français* sont établis par l'abbé Rive, l'abbé de Saint Léger. Marin, etc., d'après la célèbre bibliothèque du duc de La Vallière, sur le plan des *Recherches* de Beauchamp. Chaque nom d'auteur est suivi de la liste de ses pièces très bien désignées bibliographiquement et de l'analyse de chacune d'elles.

Vers cette époque, dès 1735, avaient paru les premiers calendriers dramatiques qui donnent chaque année le répertoire complet de tous les théâtres de Paris et qui depuis 180 ans se sont perpétués sous les noms les plus divers : *Agendas des théâtres*, *Tableau des théâtres*, *Almanach des spectacles*, *État actuel de la musique du Roi et des Spectacles de Paris*, *Spectacles des foires et des boulevards*, *Almanach général*, *Indicateur dramatique*, *Année théâtrale*, *Étrennes dramatiques*, *Étrennes théâtrales*, *Annuaire dramatique*, *Mémorial dramatique*, *Indicateur général des spectacles*, se concurrençant, se succédant, disparaissant, reparaissant pour reprendre en 1874 leur ancien nom d'*Almanach des spectacles* avec un succès ininterrompu de trente-sept ans, sous la minutieuse direction de M. Albert Soubies. Sans oublier non plus leurs sœurs à peine cadettes, les *Annales du théâtre et de la musique* fondées un an plus tard, en 1875, par Édouard Noël et Édouard Stoullig et toujours conduites par ce dernier à la même victoire.

Ceci dit, si l'on veut connaître l'auteur d'une pièce alphabétiquement située avant *les Deux Avares*, on le trouve dans Goizet ; après *les Deux Avares*, si la date est antérieure à 1762, prenons Léris ; après 1800, si la pièce a été jouée, nous avons le catalogue de la Société des auteurs ; mais entre 1763 et 1800, c'est plus difficile ; il y a Babault qui n'est pas complet, ou il faut tâtonner dans l'obscurité, si l'on ne peut aller consulter les fiches manuscrites de la Nationale, de l'Arsenal ou de toute autre bibliothèque.

Par contre, pour avoir la liste complète des pièces d'un auteur avant 1750, on la trouve dans Parfait ou La Vallière ; de 1700 à 1842, dans la

France littéraire de Quérard, ou dans sa suite ; de 1840 à nos jours, dans Lorenz. Mais dans ces deux derniers ouvrages, les recherches sont longues, car les pièces à plusieurs collaborateurs figurent seulement à l'article du premier nommé.

Il faut encore signaler de nombreux répertoires ou catalogues spéciaux :

Pour la Comédie-Française, celui de mon ami Joannidès : *la Comédie-Française de 1680 à 1900* et ses douze suppléments, avec le tableau année par année des pièces nouvelles ou reprises et le nombre annuel de leurs représentations, travail considérable et précieux.

Pour l'Odéon, l'excellent livre de MM. Porel et Monval.

Pour le Théâtre du Palais-Royal, celui de M. Eugène Héros.

Pour les théâtres disparus des Variétés amusantes, de la Cité, des Nouveautés, etc., les volumes de M. Henry Lecomte.

Pour les Funambules, le Théâtre de Monsieur, celui des Petits-Comédiens de Sa Majesté, les volumes de Pericaud.

Pour la Comédie italienne en France, au XVIIe siècle, la *Table* de Du Gérard parue en 1750 ; et au XVIIIe siècle, l'*Histoire anecdotique et raisonnée du théâtre italien depuis son rétablissement jusqu'en 1769*, par Desboulmiers, ou surtout les *Annales du théâtre italien,* trois volumes de d'Origny, en 1788.

Pour les théâtres de la Foire, les frères Parfait.

Pour les opéras, opéras-comiques, opéras-bouffes, le *Dictionnaire lyrique* ou *Histoire des Opéras*, de Félix Clément et Pierre Larousse, et, pour le répertoire de l'Opéra, plus spécialement *la Bibliothèque musicale du théâtre de l'Opéra*, catalogue historique, chronologique, anecdotique, par Théodore de Lajarte (Jouaust, 1878).

Pour tous les théâtres parisiens de 1789 à 1804, le tome III de la *Bibliographie de l'Histoire de Paris pendant la Révolution française*, par Maurice Tourneux (1900).

Pour les tournois, carrousels, entrées de souverains, la première livraison de la *Bibliographie méthodique et raisonnée des beaux-arts,* par Ernest Vinet (Didot, 1874) ou les catalogues des ventes Ruggieri et Cicognara.

Pour le théâtre français en Belgique de 1830 à 1880, nous avons sa *Bibliographie,* par Frédéric Faber, en 1880.

Pour le théâtre en Italie, la *Drammaturgia*, de Leone Allacci (Rome, 1666 ou Venise, 1765), ou la *Biblioteca italiana*, de Haym (Milan, 1771), ou encore la série dei *Testi di lingua*, de Gamba (Venise, 1839), qui est le Brunet italien.

Pour le théâtre ancien en Allemagne, *Nöthiger Vorrath zur Geschichte der deutschen Dramatischen Dichtkunst*, de Gotsched (Leipzig, 1757).

Pour le théâtre espagnol, ***El Catalogo bibliografico et biografico del teatro antiguo español, desde sus origenes hasta mediador del siglo XVIII***, par O. Cayetano, Alberto della Barrera y Levrado (Madrid, 1860).

Pour la biographie des acteurs, le *Dictionnaire des Comédiens*, d'Henry Lyonnet, tout récemment achevé.

Et enfin, les bibliographies d'auteurs dramatiques isolés :

La ***Bibliographie cornélienne***, de M. Picot, en 1876, avec addition par M. Le Verdier, en 1908.

La ***Bibliographie moliéresque***, de Paul Lacroix, en 1872 et 1875, et son iconographie en 1876.

Les ***Éditions illustrées de Racine***, par Pons, 1878, en attendant la *Bibliographie racinienne* toujours annoncée par le sympathique éditeur Honoré Champion.

Et les ***Bibliographies*** de nos trois grands classiques dans l'édition des Grands Écrivains de Hachette.

Celle du ***Théâtre de La Fontaine*** que vient de publier le comte de Rochambeau, chez Rouquette.

De ***Regnard***, par M. de Marchéville, et de ***Marivaux***, par Poulet-Malassis, chez Rouquette, en 1876 et 1877.

De ***Voltaire***, par Bengesco, en 1882.

De ***Beaumarchais***, par Henri Cordier, en 1883.

De ***Restif de la Bretonne***, par le Bibliophile Jacob.

De ***Scribe***, par Victor Moulin, en 1862.

De ***Dumas père***, par Parran, en 1881, etc.

Vous remarquez que parmi tous les livres de travail assez nombreux que je viens de vous rappeler, je n'ai pas nommé un seul répertoire d'ouvrages sur le théâtre. Je n'en connais pas. Ces ouvrages sont innombrables et ils ne sont rapportés nulle part dans leur ensemble, mais seulement partiellement dans les catalogues de quelques collections particulières. Ils sont évidemment tous cités dans Quérard, dans Brunet, dans Lorenz, etc., mais noyés, comme dans les catalogues des bibliothèques publiques, parmi les œuvres de leurs auteurs respectifs, et il faut en connaître l'existence pour les trouver, alors qu'il serait d'une nécessité primordiale d'avoir un classement général par matières, permettant à un travailleur de se procurer sur-le-champ tout ce qui a été écrit sur tel sujet qui l'intéresse : une généralité théâtrale, une époque, un auteur, une pièce, un acteur quelconque. Cette revendication sera une de mes conclusions.

II.

J'arrive à ma seconde partie : les bibliothèques dramatiques dans les deux derniers siècles et dans le nôtre.

Dans le passé, à côté des sections théâtrales des bibliothèques publiques, on rencontre de nombreuses bibliothèques privées, où le théâtre joue un rôle plus ou moins prépondérant. Comment devrions-nous les classer pour dégager celles qui nous concernent aujourd'hui, car il y en eut bien peu qui fussent uniquement théâtrales et d'une importance suffisante pour nous intéresser ? Essayons.

Il y a plusieurs sortes de bibliophiles. Je ne parle pas des gens qui ont des livres parce qu'il faut remplir un meuble ou une série de meubles, ni même de la grande masse des lecteurs qui, par goût personnel, ou par désœuvrement, ou par nécessité professionnelle, achètent des ouvrages divers pour les lire et les conserver ensuite au hasard, les uns à côté des autres. Ils ont des livres, non une vraie bibliothèque. Je parle des collectionneurs que les autres nomment des maniaques. Il y en a trois espèces principales : l'un est un amoureux de livres rares et beaux, bien reliés, quel qu'en soit le genre ou l'époque, pourvu que l'édition soit rare ou belle, l'état parfait, la reliure adéquate au genre et à l'époque ; il a un nombre restreint de livres, mais ce sont des objets d'art. Le second est un gourmand de tous les livres, il achète tout ce qu'il trouve en bon état, autant qu'il a du temps, de l'argent et de la place : les trois dimensions qui limitent les désirs d'un collectionneur ; il amasse une bibliothèque considérable qu'il classe soigneusement suivant les règles établies : Théologie et Jurisprudence, Arts et Sciences, Belles-Lettres, Histoire et Géographie. Le troisième est un curieux de l'une de ces grandes classes ou seulement d'une de leurs subdivisions, sans cependant négliger les autres. Celui-là est notre homme si la subdivision de ses préférences est la nôtre : l'art dramatique. Il se partage aussi lui-même en trois petites espèces identiques aux trois grandes, mais qui nous appartiennent toutes les trois : le premier est amoureux des pièces ou ouvrages de théâtre d'une rareté ou d'une beauté exceptionnelle, superbement illustrés et reliés, et se contente d'un nombre restreint. Le second est gourmand de tout ce qui touche au théâtre, toujours dans la limite fatale des trois dimensions. Le troisième est curieux d'une subdivision : costumes, livres à figures, danse, musique, estampes théâtrales ou fréquemment des seules pièces de théâtre.

Dégageons cette fois-ci le second, le gourmand de tout ce qui touche au théâtre, qui peut avoir encore deux degrés dans sa gourmandise : il veut ordinairement un bon exemplaire de chaque pièce, ouvrage ou brochure, de préférence la princeps, mais il peut vouloir toutes les éditions différentes des mêmes. Celui-là sera le type le plus complet, mais le plus rare, du bibliophile théâtral : le bibliophile théâtral intégral.

Le plus grand nombre des bibliothèques privées des deux derniers siècles que nous allons énumérer rapidement, en suivant l'ordre des dates de leurs ventes, appartiennent aux deux premières espèces : bibliothèques générales très choisies ou très vastes avec une seule part au théâtre, mais la qualité de cette part leur a donné le droit d'être nommées. Quelques-unes seulement sont de la troisième espèce et appelleront plus spécialement notre attention.

En 1733, M. Cangé a surtout une quarantaine de mystères qui passent dans la bibliothèque du Roi et doivent exister encore rue de Richelieu.

En 1737, la comtesse de Verrue, dont le joli hôtel de la rue du Cherche-Midi vient d'être démoli pour faire place au boulevard Raspail, a soixante-dix recueils in-quarto et cent quarante-six in-octavo ou in-douze de toutes les pièces du théâtre français du XVIIe siècle et du début du XVIIIe, dont une partie passe chez la princesse de Conti.

En 1743, M. Barré, auditeur des comptes, quinze mystères des plus rares et une foule de pièces singulières se rapportant au théâtre.

En 1763, M. Falconet, doyen des médecins de la Faculté de Paris, un important Théâtre grec, romain et latin moderne.

En 1765, la marquise de Pompadour, qui avait acquis le cabinet de M. de Beauchamp, l'auteur des *Recherches*, laisse la bibliothèque de théâtre la plus importante qu'on ait encore vue, dont une partie va chez le comte de Pont-de-Vesle, que nous aurons à citer plusieurs fois.

Ce Pont-de-Vesle est, en effet, le rival en bibliophilie dramatique de Louis-César de La Baume Le Blanc, duc de La Vallière, le plus grand collectionneur de livres du XVIIIe siècle, qui avait fait rédiger dans son cabinet, nous l'avons vu, les trois volumes célèbres de la *Bibliothèque du théâtre français* parus en 1768. La Vallière vend en 1767 un lot énorme composé de ses doubles et d'exemplaires de deuxième choix. Il fait une deuxième vente en 1773, une troisième en 1777, mais sa vraie collection théâtrale, la plus belle avant celle de M. de Soleinne, sera dispersée seulement en 1784 pour entrer chez le marquis de Paulmy. C'est le fonds actuel de théâtre de la Bibliothèque de l'Arsenal.

En 1768, il est fait un catalogue manuscrit de cent cinquante-deux pages des pièces de théâtres réunies au château de Chanteloup par le duc de Choiseul.

En 1769, le libraire de Bure publie le catalogue de M. Gaignat, receveur général des Consignations des requêtes du Palais, sous forme de supplément à sa *Bibliographie instructive* parue en 1765 dont nous avons parlé, avec notamment quarante mystères et moralités, encore achetés par le Roi.

En 1774, le comte de Fériol de Pont-de-Vesle, médiocre auteur dramatique, mais grand seigneur lettré, qui avait ouvert sa bibliothèque pour la rédaction des *Tablettes dramatiques* et de l'*Abrégé du Théâtre français* de Mouhy, du *Dictionnaire portatif* de Léris et des *Anecdotes* de Laporte et Clément, laisse une collection presque universelle de pièces de théâtre, achetée par le duc d'Orléans pour la comtesse de Montesson qu'il venait d'épouser, léguée ensuite par la comtesse au général Valence qui meurt en 1822, reprise à cette date par M. de Soleinne, à l'occasion duquel nous en reparlerons.

Le 2 mai 1775, on vend neuf mystères et un important Théâtre italien, de M. Delaleu, notaire du Roi.

Et le 14 septembre de la même année, la bibliothèque de la princesse de Conti, en son hôtel de la rue Saint-Dominique, avec de nombreux poètes dramatiques français, y compris la belle série de cinquante volumes in-quarto aux armes de la comtesse de Verrue.

En 1779, on vend, très mal, des mystères et moralités des plus rares, etc., etc.., provenant du libraire Chardin, sous le nom de Filheul.

En 1782, le duc d'Aumont.

En 1784, à Londres, les libraires Edward et Robson dispersent la célèbre bibliothèque Pinelli, de Venise, qu'ils avaient achetée en bloc, avec une série rarissime de dramatiques grecs et romains et de modernes latins et italiens.

En 1803, c'est le tour de Méon, le plus riche en théâtre après La Vallière et Pont-de-Vesle.

En 1811, Marie-Joseph de Chénier ; et M. Léon d'Ourches dont un important recueil du théâtre italien n'est payé que 800 fr. par le duc de Würtzbourg.

En 1812, à Londres, le duc de Roxburghe, avec huit mystères français et la collection la mieux classée du théâtre anglais.

En 1817, le comte de Mac-Carthy avec quatorze mystères, etc...

Enumérons encore les ventes largement théâtrales du marquis Germain Garnier ; du vicomte de Morel-Vindé ; du marquis de Château Giron ; de M. Duriez de Lille ; de Talma, qui avait peu de livres de théâtre ; de la grande collection anglaise de sir Georges Hibbert, classée alphabétiquement ; du comte de Labédoyère ; du roi du mélodrame Pixerécourt, en 1839, qui laisse surtout la plus importante collection connue du théâtre révolutionnaire ; de M. Léber, dont les livres ont passé à la ville de Rouen ; de M. Motteley, le savant rééditeur du fameux répertoire elzévier de 1681 ; en 1837, de Lamazurier, secrétaire de la Comédie-Française, qui, sur 2.058

numéros en consacrait 1.200 au théâtre. Enfin, en 1843, le *Catalogue de la bibliothèque poétique de M. Viollet-le-Duc avec des notes sur chacun des ouvrages catalogués pour servir à l'histoire de la poésie en France*, et nous arrivons à l'illustre collection de M. de Soleinne tristement dispersée en 1843 et 1844.

Suivant son bibliographe, M. de Soleinne « aimait le théâtre pour le théâtre, comme institution morale, comme récréation noble et instructive, comme étude philosophique et littéraire. Cette forme lui plaisait entre toutes celles que peut prendre la littérature, ce protée éternel qui se retrempe sans cesse dans l'élément dramatique. Le théâtre, dans toutes les littératures, lui semblait l'expression sinon la plus élevée, du moins la plus saisissante de l'art, et il plaçait les dramaturges à la tête des poètes, des penseurs et des moralistes. Voilà comment il s'était épris du théâtre ; voilà pourquoi il consacra sa fortune à faire une bibliothèque dramatique ».

Il commence sa collection tout jeune, au début du XIXe siècle. Il l'enrichit successivement aux ventes Méon, d'Ourches, Mac Carthy, Roxburghe, Hibbert, et toutes celles que nous avons citées de 1800 à 1840 qui contenaient elles-mêmes de riches épaves de leurs aînées du XVIIIe siècle. Il met en campagne tous les libraires de Paris et de l'Europe entière : démarches, voyages, correspondances, recherches et dépenses, il n'épargne rien, il n'a qu'un but unique : sa bibliothèque, qui devient célèbre.

En 1823 il achète des héritiers du général Valence, héritier lui-même de la comtesse de Montesson, la fameuse bibliothèque Pont-de-Vesle, mais seulement pour compléter la sienne de tout ce qui lui manquait, et il en laisse intacte la majeure partie qu'il conserve parallèlement.

Il arrive à posséder tout ce qui existait à son époque, mais, sauf de rares exceptions, il n'a en général qu'une seule édition de chaque ouvrage ou de chaque pièce, de préférence, naturellement, la princeps. Il n'a cependant aucune édition princeps des classiques grecs et latins. Bref sa collection est admirable, et le classement qu'en fait après sa mort, Paul Lacroix (le Bibliophile Jacob), demeure le modèle de la bibliographie théâtrale au XIXe siècle. Malheureusement, comme nous l'avons dit, soixante-dix ans se sont écoulés depuis, les ouvrages nouveaux se sont amoncelés, et cet immense travail n'est plus à jour. Nous l'analyserons sommairement en parlant du classement des bibliothèques théâtrales.

M. de Soleinne, qui n'a pas d'enfants, cherche à conserver à la littérature française le monument incomparable qu'il a créé. Il pense à la Comédie-Française, mais sur le faux bruit qu'une partie de ses archives ont été vendues (elles n'avaient à leur tête ni un Monval ni un Coüet) il change d'avis. Il songe à la Bibliothèque du Roi ; mais il a une nausée en se représentant ses chers livres en proie aux lecteurs de la salle commune. Il se décide pourtant, à condition que sa collection soit installée avec séparation complète de local, d'administration et de destinée. Pendant le cours de ses hésitations, une attaque d'apoplexie l'emporte subitement le 5 octobre 1842. Ses héritiers veulent réaliser, et ne trouvant aucun acheteur en bloc vendent aux enchères les six mille numéros du merveilleux catalogue, en partie au baron Taylor dont la collection était déjà très riche, le reste au premier venu. Cette vente est un malheur pour toute la littérature et nous reprendrons dans nos conclusions l'idée de M. de Soleinne.

Quant à la collection Pont-de-Vesle qu'il a maintenue séparée de la sienne, elle est d'abord traitée par un groupe d'amis des lettres pour être offerte à la Comédie-Française qui la refuse parce que le ministre, pour autoriser l'acceptation du don, veut lui imposer l'obligation de la tenir ouverte aux littérateurs. Les sociétaires de 1844 préfèrent rester pauvres en livres, mais maîtres chez eux. C'est donc un second désastre.

Il reste de Pont-de-Vesle un catalogue rédigé par le même Paul Lacroix « d'après le plan du catalogue Soleinne et pour lui servir de complément ».

Ajoutons que dix-huit ans plus tard, M. de Filippi, l'auteur d'un livre estimé sur l'architectonographie théâtrale, rédigera un *Essai de bibliographie générale du théâtre ou catalogue raisonné de la bibliothèque d'un amateur complétant le catalogue Soleinne*. Il n'est pas très complet et cinquante ans se sont écoulés depuis.

Après Soleinne et Pont-de-Vesle, les bibliothèques théâtrales deviennent nombreuses. Énumérons les principales, toujours par la date de leur mort :

En 1855, le libraire Téchener publie son catalogue privé, riche en ancien théâtre, ballets et fêtes de cour. Sa vente n'aura lieu que trente ans plus tard.

En 1861, vente du Filippi, déjà nommé.

En 1862, d'Adrien de la Fage, spécialiste en bibliographie musicale.

En 1864, des livres de Favart, l'ex-pâtissier du XVIIIe siècle, auteur des échaudés et des Trois Sultanes, dont le petit-fils et dernier héritier vient de mourir ; et de Soleirol, commandant du génie en retraite, l'original collectionneur de portraits et d'estampes dramatiques.

En 1871, du vaudevilliste Saint-Yves qui laisse plus de dix mille pièces.

En 1873, d'un négociant marseillais distingué, Emile Preyre, un grand-oncle de Rostand, dont on vend cinq mille numéros de pièces ou de partitions.

En 1877, de Léon Sapin, petit horloger de Belleville, qui a réuni une collection colossale de livres sur le théâtre, dont le catalogue fait encore autorité. Après sa vente il s'établit libraire théâtral, 3, rue Bonaparte, et avec une compétence et une mémoire légendaires devient le fournisseur et l'ami de tous les collectionneurs. Sa mort en 1905 fut suivie d'une nouvelle vente de son fonds. Ses clients retrouvent avec plaisir dans sa boutique ses successeurs, l'aimable ménage Jorel.

En 1878, de M. Edmond de Manne qui a appartenu à la Bibliothèque nationale, et de Charles Brunet avec plus de deux cents cinquante numéros importants sur le théâtre.

En 1885, de M. François Sallez, employé de la Banque de France, avec huit mille pièces ; et de Siraudin, le vaudevilliste confiseur, qui laisse une bibliothèque considérable d'une origine très discutée.

En 1887, du chansonnier Vieillot qui par Carmouche, autre fécond vaudevilliste, tenait ses livres de Joseph Vadé, l'ami de Panard, de Piron et de Laujon avec qui il fonda le « Caveau ».

En 1888, de M. F. Périn, une collection très importante.

En 1889, la vente anonyme de Ménetrier le collaborateur de de Manne dans leurs volumes sur les Comédiens français.

En 1893, du baron Taylor, le bienfaiteur des artistes dramatiques qui a récolté une partie du fonds Soleinne et qui laisse disperser la troisième grande bibliothèque du siècle, d'une richesse inappréciable dans tous ses compartiments.

En 1898, de Plessy qui devient ensuite comme Sapin un libraire théâtral très documenté, rue de Châteaudun, à l'enseigne modeste du « petit bouquin ».

En 1899, de Francisque Sarcey qui aimait tant le théâtre et en collectionnait les livres.

En 1904, de M. Hennin qui vend sa collection en bloc au libraire Dorbon aîné ; et de M. Daguin, ancien président du Tribunal de commerce de la Seine, qui avec son gendre, M. de Marchéville, était particulièrement riche sur le XVIIe siècle.

En 1907 enfin, d'Albert Vizentini, l'administrateur de l'Opéra-Comique ; et de l'excellent Péricaud, le doyen des régisseurs des théâtres parisiens, qui pendant sa longue vie avait ramassé d'innombrables documents sur le théâtre, notamment de pleins cartables d'estampes, de portraits, et de dessins originaux.

Voilà pour les bibliothèques théâtrales ; mais, parmi les grands bibliophiles de la deuxième moitié du XIXe siècle, il est juste de citer ceux qui, dans leur collection générale, ont laissé un choix restreint mais remarquable d'éditions rares de théâtre dans des états de premier ordre, notamment MM. Benjamin Delessert, Desq, Destailleur, Ambroise Firmin-Didot, Dutuit, Fontaineau, Louis Garnier, les frères Goncourt, Guy-Pellion, Legrand, le comte de Lignerolles, Charles Lormier de Rouen, le comte de Ludre, Benedetto Maglione de Naples, Jules Noilly, le plus grand collectionneur de romantiques, le baron Pichon, Antoine Rochebilière de la bibliothèque

Sainte-Geneviève, dont la série de classiques du XVIIe siècle forme une bibliographie souvent consultée, Victorien Sardou, Félix Solar, Ernest Strohlin, riche en théâtre théologique du XVIe siècle, Yemeniz, etc., etc.

Les bibliothèques privées totalement ou partiellement dramatiques, dont nous venons de parler, ont toutes disparu et nous sont connues seulement par leurs catalogues. En terminant leur énumération, je veux vous soumettre deux réflexions mélancoliques.

D'abord, ces catalogues n'ayant été dressés que pour servir à des ventes sont tout simplement de véritables invitations à des funérailles ; et comme, d'autre part, ils sont toujours le seul répertoire imprimé de la collection qu'ils détaillent, ils en sont bien le seul acte d'état civil, de sorte que les collections particulières ont ce triste sort de n'être bien connues que le jour où elles ont cessé d'exister, et que leur acte de naissance se confond avec leur acte de décès.

En second lieu, toutes ces collections, soit celles qui sont composées d'un choix restreint de livres rarissimes, soit celles, beaucoup moins nombreuses, qui ont été des encyclopédies presque complètes du théâtre existant à leur époque, bien classées, bien entretenues par leurs jaloux possesseurs, leur ont donné du plaisir égoïste, mais elles ont généralement fort peu servi à leurs contemporains. Puis, au lendemain de la disparition de leurs maîtres, elles ont elles-mêmes disparu en fumée, pour aller se condenser de nouveau, atome par atome, dans les rayons épars de cent autres collectionneurs ; au lieu d'êtres transmises en bloc ou par vastes fractions, de collection en collection, en se complétant et s'accroissant toujours, pour constituer finalement un petit nombre de bibliothèques admirables et définitives au service des fidèles des littératures successives.

Nous tâcherons dans notre conclusion de tirer un parti utile de ces tristes constatations.

Pour terminer le chapitre des collections de théâtre, après les mortes, parlons des vivantes.

Je laisse de côté nos grandes bibliothèques publiques parisiennes et provinciales, qui vous ont été ou vous seront présentées en détail et chez lesquelles le théâtre est confondu dans le fonds général.

La première de toutes, la Bibliothèque Nationale, doit, par essence, posséder tout ce qui a été imprimé en théâtre ou sur le théâtre et vous devez pouvoir tout y trouver ; mais le théâtre n'y ayant aucun logement personnel, son existence dispersée le fait échapper à nos recherches présentes.

Seule la Bibliothèque de l'Arsenal a réservé au théâtre une place importante et presque individualisée. Fondée en 1754 à titre privé par Antoine René d'Argenson, marquis de Paulmy, qui vint habiter cet hôtel en 1757, elle fut vendue en 1785 à S. A. R. Monseigneur le comte d'Artois et enrichie l'année suivante par la vente à l'amiable de la partie la plus importante du cabinet du duc de la Vallière, qui était, nous l'avons vu, la première bibliothèque de son siècle et surtout la plus riche en théâtre, imprimé et manuscrit. Confisquée par la Nation en 1792, ouverte officiellement au public le 9 floréal an V, comme le constate une plaque de marbre dans l'escalier d'honneur, elle fut restituée en 1816 à son légitime propriétaire, qui la fit royale, c'est-à-dire nationale, le 16 septembre 1824, en montant sur le trône sous le nom de Charles X.

En 1837, l'auteur dramatique Alexandre Duval, conservateur administrateur, obtint le dépôt légal des pièces de théâtre nouvellement parues.

Puis en 1885, Louis Cordié, conservateur adjoint, légua huit mille pièces qui, ajoutées aux anciennes, formèrent un fonds nouveau de théâtre de vingt-trois mille huit cents numéros, plus de vingt-cinq mille pièces, classées en fonds ancien et nouveau fonds depuis 1884, année où l'on cessa d'intercaler sur l'antique répertoire pour adopter le système moderne des fiches doubles par pièce et par auteur. L'Arsenal doit avoir aujourd'hui la plus importante collection publique de pièces de théâtre françaises, dirigée avec la compétence que vous avez tous appréciée par MM. Paul Bonnefon, André de Lorde et Furcy-Raynaud.

Il existe à Paris trois bibliothèques théâtrales importantes, appartenant à trois administrations placées au premier rang dans l'histoire du théâtre contemporain : la Comédie-Française, l'Académie nationale de musique et la Société des auteurs et compositeurs dramatiques.

La Comédie-Française possède des archives et une bibliothèque. Ses archives sont impressionnantes : on y trouve la série des registres donnant le détail des représentations journalières depuis 1673, date de la mort de Molière et de la réunion de sa troupe avec celle du Marais en attendant la triple fusion de 1680 avec la troupe de l'Hôtel de Bourgogne, jusqu'à nos jours. Cette série est complète, sauf l'année 1739-1740, perdue par les frères Parfait, à qui elle avait été confiée pour l'établissement de leur Histoire, et la période du 1er avril au 2 septembre 1793 qui précéda immédiatement la fermeture de la Comédie par la Convention et l'arrestation des sociétaires, si romanesquement sauvés de la guillotine par le dévouement héroïque de leur humble camarade La Bussière. Dès la réouverture, le 30 mai 1799, les écritures sont reprises et conservées sans lacune. A côté de ces registres, il faut signaler leur illustre doyen, le plus précieux de tous, le fameux registre du comédien Lagrange qui, de 1659 à 1685, résumant des registres disparus, fournit des renseignements détaillés sur les représentations de Molière depuis son retour à Paris jusqu'à sa mort. Il a été publié par les soins et aux frais de la Comédie-Française avec une importante préface d'Édouard Thierry.

Consultés au XVIIIe siècle par les frères Parfait, qui ont perdu le volume 1739-1740, et par le chevalier de Mouhy dont nous avons parlé, puis au XIXe par M. Despois, qui y a trouvé les éléments de ses tableaux sur les représentations des pièces de Corneille, de Molière et de Racine pour la série des grands écrivains de la France chez Hachette, ces registres ont été méthodiquement dépouillés, d'abord par M. Albert Soubies, dans la période 1825 à 1894, pour son important travail sur *la Comédie-Française depuis l'époque romantique*, ensuite par M. Joannidès, pour son ouvrage déjà cité de *la Comédie-Française de 1680 à 1900*, qui est le monument définitif de l'histoire du répertoire de notre théâtre national.

Les archives contiennent, en outre, des livres de comptes, les manuscrits des pièces représentées, en général de simples copies, sauf quelques manuscrits originaux, et des dossiers sur les auteurs et sur les acteurs.

Si les archives remontent à l'origine de la Comédie-Française, la bibliothèque n'existe guère que depuis 1845. Les collections Soleinne et Pont-de-Vesle venaient d'être dispersées dans les circonstances que nous avons indiquées quand les sociétaires s'imposèrent une dépense de quelques mille francs par an pour créer, accroître et conserver une bibliothèque qui fût bien à eux.

Cette bibliothèque est privée, mais toujours ouverte aux travailleurs pour des recherches spéciales. De nombreux ouvrages d'érudition sur des auteurs dramatiques ont été documentés chez elle : M. Labitte et plus tard M. Liéby y sont venus pour Chénier ; MM. de Loménie, de Marescot et Lintilhac, pour Beaumarchais ; Larroumet, pour Marivaux ; Desnoiresterres, pour Voltaire et pour la Comédie satirique au XVIIIe siècle ; Reynier, pour Thomas Corneille ; Dutrait, pour Crebillon ; Lafoscade, pour Musset ; Gaillard de Champris, pour Émile Augier ; Gustave Simon, pour Victor Hugo ; René Gautheron, pour Regnard ; Gaiffe, pour le drame au XVIIIe siècle ; Ollivier, pour Lekain et Préville, etc.

Tout en recueillant uniquement ce qui concerne la Comédie-Française, son histoire et celle de ses pièces, de ses auteurs et de ses acteurs, la bibliothèque possède des ouvrages sur le théâtre en général et aussi sur les beaux-arts, la littérature et l'histoire.

Une réserve comprend des pièces de théâtre du XVIIe siècle et quelques livres rares ou curieux.

De 1864 à 1900, elle était logée dans une longue galerie à la hauteur des troisièmes loges. Après l'incendie, en 1901, elle a été transférée au rez-de-chaussée, dans les anciens locaux du traiteur Chevet.

Les principaux bibliothécaires furent Laugier, Guillard, le regretté Monval, le fidèle et fervent serviteur de Molière ; et aujourd'hui M. Jules Couët la conserve et la développe avec amour et aussi avec une science universelle de l'histoire et de la bibliographie du théâtre.

La Bibliothèque de l'Opéra fut constituée, il y a une quarantaine d'années, par Charles Truinet, dit Nuitter, librettiste et musicographe universellement connu, qui la forma de ses propres deniers et en fit un don magnifique à l'Académie nationale de musique, avec toute sa fortune. Il en demeura jusqu'à sa mort le premier conservateur, avec la collaboration glorieuse quoique purement nominale du maître Ernest Reyer et celle réellement précieuse du très regretté Charles Malherbe et de M. Antoine Banès qui lui succédèrent avec une compétence appréciée de tous les amateurs de musicographie. M. Antoine Banès la dirige aujourd'hui avec ses distingués lieutenants, MM. Martial Ténéo et Henri Quittard. Elle est installée somptueusement dans l'aile de l'Opéra qui avait été construite pour les salons de la loge impériale. Très riche en partitions de musique et en pièces de théâtre dont une partie importante provient des achats du baron Taylor à la vente Soleinne (notamment les nombreux recueils par théâtres composés par Soleinne), elle est la seule parmi les bibliothèques publiques qui présente un classement par matières des ouvrages sur le théâtre, d'après le système inauguré par le Bibliophile Jacob pour le catalogue Soleinne, très méthodiquement inscrit dans une série de répertoires d'un ordre parfait, qui sont en permanence à la disposition du public. Dans les salles voisines elle possède un musée considérable d'estampes, de maquettes, de statues, de mille souvenirs et reliques de théâtre d'un très vif intérêt ; et des archives complètes de la vie de l'Opéra, administration, décors et costumes. Un arrêté du 5 novembre 1912 établit le règlement définitif de cette intéressante bibliothèque.

La Bibliothèque de la Société des auteurs et compositeurs lui a été donnée par l'acteur Francisque Aîné au prix d'une rente viagère. Au dernier renouvellement des polices d'assurances qui la couvrent elle a été expertisée à la somme de quatre-vingt mille francs.

Elle comprend :

1° Trente à quarante mille brochures de pièces de théâtre formant une série assez complète jusque vers 1862, avec d'énormes lacunes au delà.

2° Une série reliée par répertoires de théâtres.

3° Trois mille volumes des œuvres des auteurs dramatiques du XVe au XVIIIe siècle avec de nombreuses reliures aux armes des grands bibliophiles du XVIIIe siècle.

4° Une collection importante de journaux et revues dramatiques et d'ouvrages sur le théâtre de toute sorte.

5° Enfin les précieuses reliques des livres de comptabilité du premier bureau dramatique de Framery avec les émargements de Beaumarchais, Sedaine, Favart, Grétry, etc., et tous les registres de la Société depuis cette époque.

Le bibliothécaire archiviste est M. Henri Beaulieu qui l'installe avec méthode dans de nouveaux locaux vastes et confortables.

Pourquoi cette bibliothèque est-elle plus incomplète précisément dans la période la plus contemporaine, alors que toutes les pièces qui lui manquent ont été écrites par ses propres membres et qu'il lui eût été facile d'être la plus parfaite si chaque sociétaire ou stagiaire avait bien voulu prendre la peine minime de lui remettre chacun de ses ouvrages avec chaque réédition différente et tous les documents relatifs à leurs représentations ? Il existe pourtant une circulaire de Xavier-Boniface Saintine, l'archiviste de 1842, qui, par décision du Comité, engageait chaque membre à faire le dépôt confraternel de son répertoire passé et futur. Cette circulaire ne mériterait-elle pas d'être réimprimée ? Nous posons ce point d'interrogation à M. Pierre Decourcelle, le sympathique président de la Société.

Citons encore à Paris quelques bibliothèques théâtrales privées :

M. Maurice Douay a rassemblé une des plus nombreuses collections de pièces de théâtre. Laissant de côté toute considération bibliographique, il recueille toutes les pièces qui ont été représentées en France en écartant toutes les autres et toute réimpression sans rapport avec une nouvelle représentation. Avec une ardeur infatigable, il établit un multiple jeu de fiches par chaque titre ou sous-titre, par chaque auteur ou collaborateur et par chaque théâtre de Paris ou de province où la pièce a été jouée. Les pièces jouées et non imprimées figurent à leur place, avec une indication spéciale jusqu'au jour de leur impression ; manquent seules les pièces imprimées et non jouées. Le tout est invariablement classé par lettre alphabétique sans distinction d'époques pour les auteurs et les pièces. Ce répertoire est unique et mérite d'être précieusement conservé, car il est le plus commode qui puisse exister pour une recherche relative à un auteur ou à une pièce représentée.

Le baron James de Rothschild, décédé en 1881, qui fut le plus érudit des financiers, a laissé une bibliothèque d'une richesse incomparable où le théâtre tient par le nombre une place restreinte, cinq cents numéros sur trois mille ; mais d'une part les livres qui le représentent sont d'une telle qualité avec les princeps de tous les grands classiques et de nombreux mystères d'une rareté et d'une perfection d'état impossibles à rencontrer ailleurs, et d'autre part la minutie et l'érudition du catalogue en quatre volumes, et deux mille cinq cents pages, rédigé par M. Émile Picot, en ont fait un monument bibliographique si précieux qu'il est impossible de ne pas citer dans notre court examen cette splendide bibliothèque. Elle est devenue la propriété du baron Henri qui la continue avec le même goût.

Mlle Jeanne Chasles, de l'Opéra, a réuni une collection très complète de tous les livres, estampes et documents relatifs à la danse.

Enfin M. Jacques Doucet, dans sa merveilleuse bibliothèque d'art et d'archéologie, si hospitalière aux travailleurs, a installé une section de fêtes et cérémonies royales et princières qui n'a pas de rivale en Europe et commence une nouvelle section de mise en scène, décors et costumes de théâtre qui ne peut manquer de devenir rapidement aussi riche et aussi intéressante.

Je m'excuse auprès des autres collectionneurs de théâtre, mes confrères, que j'omets en ce moment. Nous ne sommes pas syndiqués et nous nous ignorons mutuellement bien souvent. Comme je le disais il y a quelques minutes, combien existe-t-il de bibliothèques privées qui se forment lentement et discrètement et qui n'apparaîtront au grand jour qu'à l'heure de leur dispersion ?

III.

Nous arrivons enfin à la partie pratique du classement d'une bibliothèque théâtrale, et bien que j'aie déjà à m'excuser d'avoir été trop long dans mon exposé théorique et historique, je vous demande encore quelques minutes d'attention.

Laissons de côté le système classique, obligatoirement employé dans les grandes bibliothèques publiques où le théâtre n'occupe pas une place à part. Il ne peut consister qu'en fiches alphabétiques, par auteurs et par ouvrages, sans aucune synthèse ni des uns ni des autres, sauf quelques bibliographies spéciales encore rares, publiées par la Bibliothèque nationale. Le lecteur s'y procure automatiquement le livre désiré et bien nettement désigné par lui, mais on ne lui offre aucun moyen de connaître dans leur ensemble tous les ouvrages nécessaires ou utiles à son travail.

Parlons donc seulement pour les bibliothèques dramatiques spéciales et privées.

Je considère qu'il peut exister deux méthodes pour faire ce classement, contenues toutes deux dans le même grand cadre, mais variant sensiblement dans les détails de l'exécution : l'une, que j'appellerai pour les bibliothèques mortes, c'est-à-dire destinées à la vente et à la dispersion, et qui s'applique aussi à une bibliothèque théorique, à une bibliographie générale ; l'autre pour une bibliothèque vivante, en plein exercice, destinée à être consultée et à rendre aux travailleurs le maximum de services.

Le type définitif du premier classement est celui qu'a établi le Bibliophile Jacob pour la vente de la bibliothèque Soleinne en perfectionnant à la mesure de l'année 1843 le système d'énumération de pièces de théâtre que nous avons vu inaugurer au XVIIIe siècle et en instituant d'une manière claire une classification des ouvrages sur le théâtre qui n'avait jamais été faite avant lui. C'est l'ordre suivi depuis par Filippi, Taylor, Léon Sapin, etc.

Enumérons-le, sans commentaire, dans ses principales catégories :

PREMIÈRE PARTIE

Œuvres dramatiques.

I. — *Théâtre antique.*

Indien et chinois.
Grec.
Romain.

II. — *Théâtre moderne.*

A. — Théâtre latin, en Europe, d'auteurs { italiens, français, allemands, hollandais, anglais, espagnols.

B. — *Théâtre français.*

1° Ancien (jusqu'à Jodelle).

2° Moderne . . . . . { Jodelle à Garnier ; Garnier à Hardy ; Hardy à Rotrou ; Rotrou à Corneille ; Corneille à Racine ; Racine à Voltaire ; Voltaire à Ducis ; Ducis à Chénier ; Chénier à Delavigne ; Delavigne à Hugo ; Hugo à Ponsard ; Ponsard à Sardou ; Sardou à nos jours.

III. — *Recueils dramatiques.*

A. — Pièces imprimées ou jouées en province (par villes) ;
B. — Manuscrits.
C. — Collections. — Recueils généraux divers.
D. — Recueils par noms propres, par sujets, par caractères, par types (pièces sur Jeanne d'Arc, sur Napoléon, sur les comédiens, les peintres, les philosophes, etc.).

IV. — *Répertoire des théâtres.*

Théâtre de cour.
Académie royale de musique.

Théâtre-Français.
Odéon.
Comédie italienne, Foire et Opéra-Comique.
Autres théâtres.
Théâtre burlesque.
Théâtre de société.
Théâtre d'éducation.
Théâtre satirique.
Théâtre libre et gaillard.
Théâtre patois.
Dialogues.

V. — *Théâtres étrangers.*

Italien (dont Soleinne possédait une réunion admirable).
Espagnol (assez important).
Anglais.
Allemand.
Flamand et belge.
Suédois, danois.
Russe.
Polonais, turc, grec moderne, valaque.

DEUXIÈME PARTIE

Écrits relatifs au théâtre.

Généralités.
Théâtre au point de vue . . . { de la religion, de la morale.
Histoire universelle des théâtres.
Théâtre antique. . { oriental, grec, romain.
Théâtre moderne . { fêtes, pompes, solennités publiques, dans tous les pays.
Histoire des théâtres en France.
Histoire générale et dictionnaires.
Almanachs et annuaires.

Histoire du Théâtre-Français.
» de l'Opéra,
» des autres théâtres de Paris,
» » » des départements,
» » » de l'étranger.
Législation et administration.
Poétique et dramatique.
Critiques littéraires, y compris les journaux.
Facéties et satires.
Écrits sur { la musique, la danse.
Art du comédien et mémoires dramatiques.
Architectonographie théâtrale.
Mise en scène, décors et costumes.
Biographies { des auteurs, des acteurs.
Bibliographie { générale, spéciale au théâtre, Catalogue de ventes.
Estampes : costumes, scènes, portraits.
Autographes.

Voilà le classement Soleinne. Si l'on voulait reconstituer aujourd'hui avec les éléments actuellement existants cette immense nomenclature, il faudrait y ajouter quelques subdivisions pour des matières qui ont été créées ou découvertes depuis. Par exemple, entre le théâtre romain et le latin moderne, qui est celui du XVIe siècle, il y a une classe peu nombreuse, mais d'un grand intérêt, le théâtre grec et latin profane du moyen âge, qui a été étudié par l'Allemand Cloetta, mais dont, hors des manuscrits, il ne circule naturellement que des réimpressions récentes. Il faudrait séparer du théâtre latin profane moderne, issu de la Renaissance, qui naît au XVe et meurt au XVIe siècle, celui des Pères jésuites, qui prend un immense développement au XVIIe siècle, puis se traduisant en français, produit jusqu'à nos jours une littérature considérable. Avant les mystères, il faudrait placer les réimpressions également récentes des drames liturgiques qui en sont la source, et à côté des mystères, les danses des morts qui s'y apparentent. Dans les théâtres spéciaux, à côté des théâtres de société, nous devrions trouver la pantomime, les marionnettes, les ombres chinoises et leur jeune succédané, le cinématographe qui commence à imprimer ses livrets, etc., etc. Tout cela n'est que question de détail.

Beaucoup plus importante est la transformation qui me paraît nécessaire pour organiser ce que j'ai appelé une bibliothèque vivante. Le système du Bibliophile Jacob n'est qu'un inventaire sur du papier, qu'il s'applique à une vente ou au répertoire d'une bibliothèque. C'est un catalogue où chaque article correspond par un jeu de numéros à un livre dont les acheteurs ou les lecteurs n'ont pas à connaitre le logement matériel. On leur offre ou ils demandent un numéro, on va chercher le livre qu'ils emportent ou qu'ils consultent et rendent, puis un autre et ainsi de suite. On ne procède que par unité de livre, et pourvu que le catalogue soit sans fautes et le numérotage parfait, il n'importe que les livres, sur tels ou tels rayons, soient classés par ordre de parenté entre eux, ou de date d'impression, ou de date d'entrée, ou de format, puisque chacun d'eux est une simple unité sans lien visible pour le public avec ses frères, ses ascendants ou ses descendants.

Il faut qu'il en soit tout autrement dans une bibliothèque privée, que j'appelais vivante, car l'amateur veut voir vivre sa collection autour de lui, pour son plaisir d'abord, mais aussi pour sa commodité et pour la plus grande facilité à procurer aux travailleurs qui lui font l'honneur de la consulter.

Ses livres, quelque nombreux qu'ils soient, ne portent aucun numéro, mais les deux classements sur les rayons et sur le catalogue sont identiques et tellement symétriques, qu'un volume ou une brochure quelconques relevés sur le catalogue doivent être trouvés dans les rayons sur-le-champ, automatiquement. Pour atteindre pratiquement ce résultat, il faut apporter trois modifications partielles à l'ordre Soleinne, ou plutôt à l'ordre du Bibliophile Jacob, car nous ignorons complètement quelle était la méthode de M. de Soleinne de son vivant :

1° Comme unité de base, nous maintenons l'auteur. Mais tout en conservant obligatoirement le classement des auteurs par époque, il faut renoncer, dans chaque époque, à l'ordre chronologique par date de la première pièce de chaque auteur, qui est une cause permanente de recherches et d'erreurs et le remplacer, toujours dans chaque époque, par le classement alphabétique des auteurs en maintenant pour chacun l'ordre chronologique des éditions. Avec un peu d'habitude on n'hésite pas sur l'époque de l'auteur le moins connu. A ce propos, on peut réduire le nombre des époques dont quelques-unes sont bien courtes, et conserver pour le théâtre en France : Jodelle-Hardy, Hardy-Corneille, Corneille-Racine, Racine-Voltaire, Voltaire-Chénier, puis la Révolution, l'Empire, la Restauration et Louis-Philippe, le second Empire, la fin du XIXe siècle et le XXe siècle.

2° Le classement partiel de Soleinne de certaines pièces par théâtres ou par sujets est tout à fait gênant en nature, car il éparpille l'œuvre complète d'une foule d'auteurs, et ce mode de classement est du reste très incomplet chez Soleinne et ses imitateurs, les pièces des auteurs principaux n'y figurant jamais. Mais ce classement spécial devient très intéressant s'il est fait non en nature, mais par un double jeu spécial de fiches. J'avoue avoir toujours rêvé d'arriver à reconstituer l'histoire universelle des nations par le théâtre, en juxtaposant toutes les fiches de théâtre à sujets historiques depuis les pièces sur Lucifer et sur Adam et Eve jusqu'aux pièces inspirées par les événements contemporains. Quel beau travail ce serait, et combien curieux ! Nous réintégrons donc ces pièces exilées dans les domaines de leurs auteurs.

3° Tous les bibliographes sont unanimes à classer parmi les ouvrages sur le théâtre, aux divers paragraphes de biographie, bibliographie, critique ou satire, les nombreux livres, brochures ou articles de revues isolés écrits sur un auteur ou sur une pièce. Je les en retire sans hésiter pour les classer nettement chacun dans le dossier de l'auteur ou de la pièce visé, ne conservant dans les rubriques générales que les ouvrages généraux ou polygraphiques qui traitent plusieurs sujets et auxquels il suffira de renvoyer par des fiches de rappel pour chaque sujet traité. Ces fiches sont même inutiles pour les ouvrages périodiques, tels que *le Théâtre*, *Comœdia*, *Comœdia illustré*, les *Annales* de Stoullig, les recueils de critique d'Henry Bordeaux ou d'Adolphe Brisson ou celui que vient de publier Henry Bidou, etc. : l'année et la table y suffisent pour retrouver les articles nécessaires. On constitue de la sorte pour chaque auteur un dossier complet de toutes les éditions successives de ses œuvres complètes ou choisies, de toutes les éditions de chaque pièce et de tous les documents qui contribuent à en former la bibliographie complète, en y joignant pour les modernes les éditions de leurs pièces parues dans les revues ou les magazines, *Revue de Paris*, *Je sais tout*, *Fantasio*, *Illustration*, etc., tous les articles les plus intéressants parus dans ces revues, soigneusement détachés et brochés à part, ainsi que les découpures de critiques, avant-premières, soirées, caricatures, polémiques, reprises et extraits des dix journaux littéraires de Paris, sans oublier les programmes des premières représentations et des reprises.

Citons deux exemples choisis à l'égard de deux pièces célèbres séparées par trois siècles. Dans le dossier de Corneille, section du *Cid*, que j'ai sous les yeux en prenant ces notes, je trouve : depuis l'édition princeps in-douze de 1637 et la deuxième in-quarto de 1639, vingt-deux réimpressions de la pièce à diverses époques y compris l'édition in-quarto du XVIIIe siècle sans le rôle de l'Infante, les traductions anglaise, hollandaise et italienne du XVIIe siècle, cinq suites du *Cid* par divers, trois opéras différents, dix-neuf pamphlets de 1637 et 1638 en éditions originales, outre toutes leurs réimpressions modernes de Rouen en fac-simile avec la thèse de M. Gasté, quinze traductions françaises des origines espagnoles du *Cid*, *Jeunesse du Cid*, de

Guillem de Castro, *Romances du Cid*, *Poème du Cid*, *Cid Campéador*, avec plusieurs brochures relatives à ces origines et quatre brochures diverses sur la pièce. Après un intervalle de près de trois siècles, je trouve de même dans le dossier *Chantecler*, avec les œuvres de mon concitoyen et ami Edmond Rostand, quatre éditions différentes de la pièce, une série de productions anticipées ou de contrefaçons de fragments parues avant la mystérieuse générale du 6 février 1910, treize parodies, quatre conférences ou brochures satiriques, quatre programmes de la Porte-Saint-Martin avec des distributions différentes, trois albums de dessins coloriés, trois gros volumes de formats différents contenant tout ce qui a paru dans les illustrés parisiens, et enfin un carton épais rempli des articles de journaux avant et après la générale, après les premières A et B et dans tous les mois suivants.

Je me permets de montrer par ces deux exemples tout l'intérêt de ce système de classement qui constitue une bibliographie complète de chaque auteur et de chaque pièce et permet à un curieux ou à un travailleur d'avoir devant lui en cinq minutes, au moyen d'une seule recherche, tout ce que la bibliothèque possède sur le sujet plus ou moins vaste qui l'intéresse. Le catalogue consistant en une série de chemises relatives chacune à un auteur ou à une section d'ouvrages généraux, et les livres sur les rayons marchant toujours symétriquement avec le catalogue, la recherche et la livraison du dossier complet sont instantanées.

Voilà les trois modifications que je proposais au système du catalogue Soleinne. Il peut en exister une quatrième résultant plutôt du dilettantisme du collectionneur que d'une nécessité absolue. Peut-être voudrez-vous aussi l'approuver. Vous avez remarqué dans l'énumération des pièces de théâtre d'après le système Soleinne auquel je n'ai pas touché dans l'ensemble de son cadre, sauf pour adjoindre aux pièces leurs accessoires naturels, que les trois grandes sections principales, théâtre antique, théâtre français, théâtre étranger, se succèdent en séries complètement séparées sans aucune pénétration. Chacune se présente depuis son origine après la fin de la précédente, de sorte que l'Italie au XVe siècle arrive après la France au XXe siècle. Pour un statisticien théorique ou pour un simple garçon de bibliothèque, c'est logique, c'est simple, cela évite toute confusion, mais le collectionneur qui a vieilli au milieu de ses livres finit par revivre l'histoire de son théâtre, il la voit se développer de nouveau sous ses yeux dans le sens de son évolution successive, et d'elles-mêmes les séries viennent reprendre sur les rayons leur ordre de naissance, celui dans lequel les volumes qui les composent, vénérables reliques et acteurs survivants dans leur corps et leur esprit de la formation littéraire de deux siècles, sortaient, engendrés les uns par les autres, des presses toutes neuves des Aldes, des Juntes, des Gruninger, des Estiennes, des Plantins, des Elzévirs, pour aboutir à l'existence définitive de notre glorieux théâtre français du XVIIe siècle. Quel sera l'ordre de ce défilé ? Permettez-moi de vous décrire celui que j'ai tous les jours sous les yeux. D'abord les mystères, farces et moralités trop difficiles, hélas ! à capter, à peine une douzaine dans leur impression primitive, mais accompagnés de toutes les réimpressions modernes des autres. Puis c'est la Renaissance en Italie, dès 1498, la princeps in-folio d'*Aristophane* d'Alde, suivie en 1502, 1503, 1518, par son *Sophocle*, son *Euripide* et son *Eschyle* ; le *Térence* et le *Plaute* de Gruninger, et une longue série de réimpressions, de traductions et de commentaires de tous les Grecs et Latins dans les diverses langues lettrées. On commence par les imiter en latin : nous trouvons en Italie, Mussatus, Verardus, Zambertus, Corrarus, Léonard d'Arezzo, Marsus, Martiranus, Thylésius etc., en Allemagne, Jacob Locher, Jean Reuchlin, Kirchmaier dit Naogeorgus, Nicodème Frischlin, etc., précédés par la religieuse saxonne Hroswitha dont les six comédies latines écrites au Xe siècle émergèrent en 1501 de leur manuscrit original dans la magnifique édition illustrée par Albert Dürer. En France, Jacquemot, Tixier de Ravisy, Barthélemy de Loches, Antoine Muret, Claude Roillet. Puis Buchanan, Scaliger, etc.

Après avoir toutes écrit leur théâtre en latin, chaque nation crée lentement son théâtre national : la première, l'Italie, nous montre dès 1500 l'édition princeps du *Timone*, du comte Boyardo, puis celle du *Céphale* de Nicolo da Corregia, puis la série importante des premières ou deuxièmes éditions d'Arioste, Arétin, Machiavel, Trissin, Giovan Maria Cecchi, Carretto, Accolti, Ruccelaï, Jacopo Nardi, Belo, Guazzo, Speroni, Cinthio, Dolce, Gelli, Groto, Ruzzante, Giordano Bruno, etc., les comédies rusticales des Académies des Rozzi, des Insipidi et des Intronati de Sienne, les origines de la pastorale avec Beccari, Ongaro, Ingegneri, jusqu'au Tasse, Guarini et Bonarelli qui, d'un côté, nous amènent aux premiers livrets d'opéra de Rinuccini et, de l'autre, suggèrent la comédie pastorale française, triomphante jusqu'à l'apparition du *Cid*.

Le XVIe siècle allemand nous montre les in-folio d'Hans Sachs et d'Ayrer en attendant au XVIIe siècle les tragédies allemandes de Gryphius et d'Opitz, qui voisinent avec les tragédies hollandaises aux beaux cuivres de Vondel, de Krul et de Hooft.

Le théâtre anglais attend la fin du XVIe siècle, mais ses reliques sont si jalousement gardées par leurs nationaux que nous pouvons seulement montrer le bel in-folio de la deuxième collective du géant Shakespeare en 1632, et les éditions de même époque de Ben Johnson, Beaumont et Fletcher, Milton, Lily, William Davenant, William Cartwright.

Les Espagnols du même temps apportent après *la Célestine*, de Rojas, en espagnol, italien et français, après Perez de Oliva et Gongora, d'affreuses éditions de Lope, Caldéron, Tirso, Moreto, Solis, sur du papier à chandelles.

Nous arrêtons ici la cohorte des théâtres étrangers dont l'influence fut prépondérante sur le nôtre et qui furent grands aussi longtemps qu'ils nous dominaient en nous formant. Mais dès l'apparition de Corneille, dès que nous n'avons plus besoin d'eux, ils déclinent tous et ne nous intéressent plus. Nous retrouverons alors dans leurs sections isolées, à leur place normale, toutes les traductions et adaptations de leurs auteurs postérieurs, sauf encore dans leurs langues originales la tragédie italienne de nouveau intéressante au XVIIIe siècle depuis Maffei jusqu'à Alfieri, quelques échantillons de princeps de Schiller et la première collective de la première partie de *Faust*, à Tübingen, en 1808.

Ayant donc classé à part tout le XVIe siècle étranger, nous lui adjoignons le XVIe siècle français, qui palpite sous son influence avec Jodelle, La Péruse, les deux Baïf, Grévin, Garnier, les deux de La Taille, Larivey, Montchrestien, etc., dans leurs éditions originales et dans toutes leurs réimpressions.

Après l'éclatante série du début du XVIIe siècle étranger, nous installons définitivement, sans nouvelle enclave, le XVIIe siècle français, d'abord tâtonnant encore depuis Hardy, Baro, Mairet, jusqu'à Rotrou, Scudéry et Tristan l'Hermite ; puis les trois colosses : Corneille, Molière, Racine, dont la bibliographie directe et indirecte a été réunie aussi complète que possible depuis les princeps jusqu'aux modestes éditions classiques de nos écoles ; Molière seul exigeant soixante-quinze éditions bien différentes de ses œuvres.

Il serait oiseux de détailler les époques suivantes dont tous les noms intéressants vous sont familiers et dont les œuvres sont recueillies avec la même minutie même pour les auteurs les plus inconnus en leur annexant des documents de plus en plus nombreux à mesure que les à-côté imprimés du théâtre prennent des développements plus considérables.

Je vous signalerai seulement encore une section d'une importance et d'un intérêt capital, car ses productions constituent à côté de la source religieuse par les mystères et de la source savante par la Renaissance grecque et latine, une troisième source, la source royale et aristocratique du théâtre moderne, débutant par les entrées solennelles de nos rois dans leurs bonnes villes, dont la plus belle est celle d'Henri II à Rouen, le 1er octobre 1550, origines des mises en scène somptueuses, pour continuer avec les mascarades, les carrousels, les tournois, les ballets de cour, issus des petites cours italiennes et allemandes et parvenus à leur apogée en France sous Louis XIV, origines matérielles de la pompe des opéras avec le concours littéraire de la pastorale italienne.

Je n'énumérerai pas une seconde fois toutes les catégories d'ouvrages sur le théâtre installées d'après la méthode classique du catalogue Soleinne, modifiée comme il est dit ci-dessus et qui ont été rassemblées aussi nombreuses et aussi détaillées qu'il a été possible à un modeste amateur.

J'ai fini, Messieurs, j'ai réellement abusé de votre patience en dépassant le temps auquel j'avais droit, n'en accusez que ma passion pour un sujet qui est inépuisable.

Laissez-moi cependant conclure définitivement, en réunissant mes trois conclusions partielles. Je vous ai dit qu'il n'existe ni bibliographie ni bibliothèque théâtrale absolue et complète. Je vous ai montré que toutes les collections isolément réunies par des amateurs, même la plus colossale réalisée par M. de Soleinne, se sont dissipées en poussière de livres, et enfin, je crois vous avoir prouvé de quel intérêt serait pour les travailleurs et les curieux une telle bibliothèque définitive. Ne pourrait-elle être installée officiellement par l'État, par la Ville ou par une Académie, avec les ressources et le personnel nécessaires ? Serait-il impossible de prélever sur le fonds colossal des bibliothèques publiques qui doit posséder épars en mille compartiments divers tout ce qui a été imprimé et qui reçoit annuellement tout ce qui s'imprime en matière théâtrale, de prélever sur ce fonds universel les éléments complets d'une bibliothèque théâtrale publique, distincte de toutes les autres matières, classée dans les grandes lignes suivant la formule Soleinne plus ou moins modifiée, renfermant la collection complète, au jour le jour, de tous les ouvrages sur le théâtre et de tous les auteurs dramatiques anciens et modernes avec toutes les éditions différentes de leurs œuvres et de chacune de leurs pièces et tout ce qui a été écrit sur chacune d'elles avec tous les détails les plus infimes relatifs à leurs représentations ? A défaut d'une institution d'État, serait-il impossible d'affecter un vaste local du Palais-Royal à une bibliothèque théâtrale intégrale, confiée à la Comédie-Française dont le riche fonds actuel constituerait la base et dont l'éminent bibliothécaire organiserait le service ?

Si cette institution existait, même avec des lacunes considérables, je ne doute pas que tous ces collectionneurs isolés qui souffrent certainement à la pensée d'avoir consacré leur vie à une œuvre éphémère, ne soient heureux de combler après eux ces lacunes dans la mesure de leurs richesses et de contribuer à rendre et à maintenir intact et complet le monument national de l'histoire du théâtre français, qui est, directement et indirectement, la base de notre littérature et de celle de tous les peuples de l'Europe.

Auguste Rondel.

LILLE, IMPRIMERIE LEFEBVRE-DUCROCQ

www.ingramcontent.com/pod-product-compliance
Ingram Content Group UK Ltd.
Pitfield, Milton Keynes, MK11 3LW, UK
UKHW022138260726
13993UKWH00005B/2014

9 782329 315294